Düngen & Kompostieren

Inhalt

Vorwort

Meldungen über Krisen machen täglich die Runde. Stress im Berufsleben, negative Erfahrungen im Privatbereich und krankmachende Belastungen durch die Umwelt sind die häufigsten Ursachen gesundheitlicher Störungen. Wie wichtig ist es da geworden, einen Rückzugsort für die Seele zu haben, einen Platz an dem man durch Selbstbesinnung und Meditation zurückfindet zur inneren Ruhe. An dem man durch die alles erneuernde Kraft der Natur lernt, selber auch wieder neue Kraft zu schöpfen.

Durch Überlieferungen wissen wir, dass es seit Menschengedenken – ja selbst seit Adam und Eva – einen zentralen Punkt in unserer unmittelbaren Umgebung und Erlebnissphäre gibt, der das alles erfüllt: Unser Garten.

Sei es nun der große Garten, der unser Haus umschließt, der kleine Vorgarten oder das Blumenbeet, das unseren Eingang säumt – der Balkon-, Terrassen- oder Zimmergarten, der unsere Wohnung ziert, eines haben sie alle gemein: sie sind der wichtigste Lebensraum, den die Natur für uns bereithält, eine Oase im Alltag, eine eigene ganz private Welt, um durchzuatmen, abzuschalten und mit allen Sinnen zu genießen.

Garten ist der Inbegriff von Lust und Freude – und das bedeutet Glücklichsein. Wer dieses Hobby für sich entdeckt hat und ständig erlebt, welche Freude es bereitet, aufkeimende Saat wachsen zu sehen um am Ende die Früchte seiner Arbeit ernten zu können, hat ihn gefunden, den Weg zum Glücklichsein. Der Ratgeber, den sie hier in Händen halten, ist Teil einer mehrbändigen Reihe einzelner Themen. Er soll ihnen dabei helfen, dieses Glück zu erleben.

Meinem verlegerischen Entschluss, ein solch umfangreiches Kompendium herauszugeben, ging die erklärte Absicht voraus, das sehr weit reichende und umfassende Gebiet der Blumen- und Gartenpraxis in einer Vielzahl von einzelnen Themenbüchern darzubieten. Dem Leser sollte somit die Möglichkeit geboten werden, sich ausschließlich mit den Inhalten befassen zu können, die ihn interessieren und mit denen er sich gezielt auseinandersetzen möchte. Dass dies in einer preiswerten Form möglich sein musste, die gleichzeitig zum Sammeln der Bände motiviert, war für mich eine weitere Maxime.

Ich wünsche ihnen viel Freude an diesem Ratgeber und viel Erfüllung bei der Gartenarbeit,

Ihr

Siegfried Lapawa

Kompostieren im Garten

Düngen & Kompostieren

Heute ist es unvorstellbar, dass noch vor wenigen Jahren fast alle kompostierbaren Güter in die Mülltonne geworfen und in Müllverbrennungsanlagen oder Deponien vernichtet wurden. Selbst Gartenbaubetriebe entsorgten ihre »Abfälle« in den öffentlichen Beseitigungsanlagen. Erst seit die Preise für die Müllabfuhr gestiegen sind und staatliche Stellen Kontrollen und Beratungen durchführen, nimmt die Abfallmenge ab. Nicht zuletzt, weil immer mehr Gartenbesitzer den Wert der Kompostierung erkannt haben. Immerhin wandeln Bodenlebewesen Gemüsereste, Rasenschnittgut, Kaffeesatz und dergleichen kostenlos in wertvolle Erde um.

Die Natur macht diese wunderbare Verwertung schon immer vor. Jeder Wald lebt von seinen eigenen Abfallprodukten. Blätter, dürres Holz und was sonst noch auf dem Boden landet, wird von einem Heer an Würmern, Asseln, Bakterien, Pilzen und anderen Lebewesen aufgezehrt und in Humus umgewandelt. Diese nährstoffreiche Bodenform kommt den Pflanzen dann wieder zugute. Erst wenn das Werden und Vergehen etwa durch die Entnahme von Nadelstreu, Laub und dürrem Holz gestört wird, funktioniert der Kreislauf nicht mehr richtig.

Solche Störungen wurden lange Zeit auch in Gärten praktiziert - und geschehen leider immer noch. Und zwar landen die Blätter und Pflanzenreste im Herbst nicht am Boden, wo sie zu Erde verrotten, sondern werden oft mit großem Aufwand gesammelt, in Müllbeutel gesteckt und zu Sammelstellen transportiert. Das Gleiche passiert nach wie vor auch mit dem Rasenschnittgut und vielen anderen verrottbaren Gartenabfällen. Nach der »Säuberungsaktion« werden dann Kunstdünger und Torf teuer gekauft und unter die Bäume gestreut. Diesem Raubbau an der Natur und nicht zuletzt am eigenen Gartenbudget sollten Sie selbstverständlich so bald wie möglich entgegen wirken. Sie brauchen dazu nichts weiter als eine kleine Stellfläche in einer Gartenecke. Schon ein einziges **Kompostsilo** nimmt eine Menge Material auf und lässt es in Ruhe reifen. Je nach Gartengröße und Menge an Abfällen können weitere Silos dazu kommen. Wo genügend Platz für eine klassische **Kompostmiete** vorhanden ist, können die Abfälle frei ohne Silo aufgeschichtet werden. Auch die Miete lässt sich beliebig erweitern - je nach Materialaufkommen.

Verwerten Sie Biomüll – legen Sie einen Komposter an

Kriterien für die Kompostierung

Kompost als Nährstoffspender

Ohne die natürliche Verrottung, bei der unzählige Kleintiere, Pilze und Bakterien mitwirken, kämen mit der Zeit Berge an Abfällen zusammen. Denken Sie etwa nur an die Fülle von Laub im Herbst, die in den Wäldern anfällt. Davon ist schon im folgenden Frühjahr kaum noch etwas übrig. Es wird fast vollständig zu duftender Walderde verarbeitet. Die Pflanzen wiederum, die den Rohstoff liefern, sind wesentlich auf diese Art der Humusversorgung angewiesen. In den tropischen Regenwäldern beispielsweise ist kein Wachstum mehr möglich, wenn die dünne Humusdecke verschwindet. In den heimischen Wäldern dringen die Bäume mit ihren Wurzeln in tiefe Erdschichten vor, um sich mit Wasser und Nährstoffen zu versorgen. Dennoch brauchen auch sie die Humusversorgung. Immerhin sind in diesem organischen Substrat lebenswichtige Stoffe, z.B. Spurenelemente und Nährstoffe, aber auch Bakterien und Pilze enthalten, die ihnen nützlich sind. Manche Arten bilden sogar Lebensgemeinschaften mit den Bodenlebewesen. So profitieren beispielsweise Erlen von Wurzelbakterien (Azotobakter), die sich im Boden ansiedeln und Stickstoff produzieren. Nicht nur Gehölze sondern auch krautige Pflanzen sind auf solche Partner angewiesen. Manche Orchideen etwa fassen nur Fuß, wenn ihnen bestimmte Bodenorganismen zur Verfügung stehen. Diese wiederum brauchen organische Humusstoffe.

Endprodukt Erde

Damit die Exkursion in die freie Natur nicht zu weit ausschweift, seien noch einige praktische Aspekte für den Hausgebrauch genannt. Neben der Verkleinerung der Abfallmenge und der Verwertung von Rohstoffen hat die Kompostierung auch einen Wert für die Erzeugung von Spezialsubstraten (Substrat = Nährboden). Immerhin kommen zum Schluss bestimmte Humusformen heraus - je nach dem, welche Stoffe zusammengesetzt (»komponiert«) wurden. Anders als im Wald, wo die Pflanzenteile wahllos zusammenkommen, sollte im Garten also schon gezielt kompostiert werden.

Endprodukt Erde

Für die Mischung gibt es keine strengen Regeln. Die Rezeptur richtet sich normalerweise nach den Stoffen, die im Haushalt und im Garten anfallen. Diese landen bei der einfachsten Art der Kompostierung auf einem Haufen oder im Silo. Sie werden von Anfang an ausreichend durchmischt, zumal mit der Zeit nach und nach verschiedene Abfälle anfallen.

Gelegentlich kommt es aber nicht zur wünschenswerten Rotte, sondern das Ganze geht mangels Luft in Fäulnis über (z.B. wenn eine dicke Schicht Rasenschnittgut aufgesetzt wird). Das hat natürlich unangenehme Nebenwirkungen. Damit die wichtigen Bodenlebewesen richtig »arbeiten« können, brauchen sie also außer dem »Futter« in Form von Pflanzenteilen auch genügend Sauerstoff. Zudem müssen die Gase, die sie produzieren, entweichen können.

Als Endprodukt des Kompostiervorgangs erhalten Sie nährstoffreiche Erde, die Ihrem Beet zugute kommt

:s gilt deshalb für die Herstellung eines durchchnittlichen Gartenkomposts, die verschiedeen Materialien, die zusammenkommen, immer vieder zu durchmischen. Das fördert den **Gas-ustausch** und eine gleichmäßige Qualität.)en Bodenlebewesen schadet das Durcheinanerwirbeln etwa mit einer Grabegabel wenig. ;ie stellen sich danach bald wieder auf den euen Zustand ein. Es ist ohnehin ein Wunder, vie die Tierchen, Pilze, Bakterien und derglei-

'ompostsilo

hen »zusammenarbeiten«. Aus menschlicher ;icht gleicht der Komposthaufen eher einer /lördergrube als einer sympathischen Lebensemeinschaft. Der Gang der Dinge ist fressen nd gefressen werden – jedenfalls aus näherer ;etrachtung per Mikroskop.

Gesiebter Kompost

»Erdfabrik« Gartenkompost

Für den Garten ist jedenfalls wichtig, was dabei herauskommt. Die Tierchen sind nun mal für diesen »Job« geschaffen. Damit die »Erdarbeiten« möglichst wirkungsvoll ablaufen, sollte die »Erdfabrik« günstig organisiert sein. Neben der Versorgung mit ausgewählten Rohstoffen und der richtigen Zusammensetzung braucht sie einen passenden Standort und eine angemessene Form und Größe.

Standortwahl

Ideal gewählter Standort für den Komposter

Praxistipp

Wenn die Gefahr besteht, dass unerwünschte Nagetiere wie Wühlmäuse oder Ratten in den Kompost eindringen, kommt keine Miete in Frage, sondern nur ein Silo. Vor dem Aufstellen wird ein Stück Maschendraht ausgebreitet. Dann haben die Nager auch vom Boden her keine Chance. Dennoch liegt das Kompostiergut auf dem Boden auf, so dass die wichtigen Bodenlebewesen eindringen können und der Wasserabzug möglich bleibt.

Die Lage ist auch hinsichtlich der Infrastruktu zu wählen. Die »Arbeiter« kommen natürlic nur, wenn der Komposthaufen oder das Silo au unversiegeltem Boden steht. Regenwürme Tausendfüßler, Asseln und dergleichen dringe von unten in den Kompost ein. Sie ziehen nac getaner Arbeit auch wieder in den Boden ab Ideal ist ein Platz auf bereits fruchtbarem Humusboden, zumal hier viele Bodenlebewese aktiv sind. In rein mineralischem Boden, etwa i Sand oder Ton, halten sich nur wenige Tierchen Pilze und Bakterien auf, da sie dort auch kein Nahrungsquellen finden.

Dennoch kann der Kompost auch auf wenige günstigen Plätzen aufgesetzt werden. Die Bodenlebewesen lassen sich dann mit eine Schaufel voll halbreifem Kompost von einen anderen Haufen oder durch einen Kompoststarter zuführen. Wichtig ist aber ein gute Wasserabzug. Keinesfalls darf ein Silo eine geschlossenen Boden haben oder auf eine versiegelte Fläche gestellt werden. Das gilt natürlich auch für eine Kompostmiete. Sie darf eben sowenig beispielsweise auf einer Betonfläch angelegt werden, sondern grundsätzlich nu auf dem Gartenboden. Ausgenommen sind spezielle Wurmkisten, die sogar auf einem Balko funktionieren. Es sind einfache Holzkisten, i denen eingesetzte Kompostwürmer die Abfäll verzehren und in Erde umwandeln.

Edaphon

Die Gesamtheit aller Bodenlebewesen nenn man Edaphon (griechisch edaphos = Erdboden) Dazu zählen Würmer, Asseln, Milben, Bakterien Pilze, Algen und viele andere Organismen, di an der Umsetzung beteiligt sind.

Standortfrage

In einem alten Garten ist ein Kompostplatz normalerweise eine feste Einrichtung. Die Standortfrage stellt sich daher mehr in einem neuen Gartengrundstück. Schon nach dem Hausbau und dem Einzug fallen ja jede Menge Abfälle an. Und hier macht sich der Wert des eigenen Gartens bemerkbar: Mussten bisher Gemüsereste, Obstschalen, Kaffeesatz und dergleichen zum Müll gegeben werden, soweit keine Biotonne vorhanden war, können jetzt die gesamten organischen Abfälle wiederverwertet werden. Das beginnt bereits beim Sammeln im Haus. Und zwar kommen diese Abfälle in einen speziellen Behälter, der möglichst täglich geleert wird.

Regenwürmer

Damit das ohne Umwege und jederzeit auch bei Regen oder Schnee problemlos geschehen kann, darf der Kompostplatz nicht zu weit entfernt vom Haus liegen. Andererseits gehört diese notwendige Einrichtung aber nicht zu den attraktiven Gestaltungselementen. Sie sollte also gut kaschiert oder versteckt liegen.

Gut kaschierter Komposter

Ein Silo lässt sich in jeder freien Ecke platzieren. Das kann beispielsweise neben der Garage oder hinter einem Gartenschuppen sein. Selbstverständlich dürfen dabei keine Nachbarn belästigt werden. Die Abschirmung ist aber ganz einfach mit einer Strohmatte möglich. Gerüche verbreitet das Silo normalerweise nicht. Sie werden schon beim Aufsetzen, Füllen und Durchmischen verhindert.

Zum Komposter oder Komposthaufen führt ein fester Weg, der jederzeit den Zugang trockenen Fußes ermöglicht. Obwohl der Kompost nicht vernässen darf, brauchen die Bodenlebewesen Feuchtigkeit. Das Silo sollte also oben offen sein oder gelegentlich bei Regen geöffnet werden. Kleine Mengen trocknen sonst leicht aus, insbesondere an einem vollsonnigen Standort. Von Vorteil ist deshalb ein schattiger Platz.

Kompostsysteme

Klassische Kompostmiete

Eine Miete baucht wesentlich mehr Fläche als ein Silo. Für eine klassische Miete gilt eine Sohlenbreite von 120 cm. Sie wird ebenso hoch aufgeschichtet, und zwar pyramidal. Allerdings sackt sie während der Verrottung stark zusammen, so dass nach etwa einem halben Jahr nur noch die halbe Höhe übrig bleibt. Die Länge ist beliebig. Je nach anfallenden Materialien kann die Miete ständig verlängert werden. Eine Miete eignet sich eher für große Gärten oder Gärtnereien, in denen eine Menge Material zusammenkommt. Hier erspart sie aber etliche Kompostsilos.

Wenn Sie eine Miete anlegen möchten, wählen Sie einen passenden Platz, am besten abseits unter Bäumen oder in einer Gartenecke. Anders als ein Silo braucht eine Miete viel Fläche und mehr Zeit zur Rotte. Sobald eine Grundfläche von 120 cm Breite und beliebiger Länge auf dem Gartenboden vorbereitet ist, kann das vorhandene Kompostiergut aufgeschichtet werden. Und zwar geschieht dies so, dass ein pyramidaler Haufen zu Stande kommt. Dabei sollten die verschiedenen Materialien durchmischt oder abwechselnd aufgeschichtet werden. So folgt beispielsweise nach einer dünnen Schicht Rasenschnittgut eine Lage Gartenerde, darauf kommt Laub oder ein anderes Material und so weiter. Das gilt natürlich nicht für reine Sonderkomposte, wie Laubkompost, der nur aus Falllaub aufgeschichtet wird. Das Aufschichten kann in einem Arbeitsgang geschehen, wenn genügend Abfälle vorhanden sind (z.B. im Herbst) oder auch nach und nach. Dann wird zunächst die Grundfläche für die Miete vorbereitet. Das Aufschichten erfolgt dabei von hinten nach vorne. Der fertige Haufen mit 120 cm Sohlenbreite und 120 cm Höhe bleibt nun etwa ein ganzes Jahr liegen. Er sackt während der Verrottung auf die halbe Höhe zusammen. Stichproben mit der Grabgabel zeigen, ob die Umsetzung vollendet ist. Sobald der Haufen durch und durch aus Erde besteht, kann er gesiebt und im Garten verwendet werden.

Silo falsch platziert - nicht auf versiegelter Fläche

Kompostbehälter

Für gewöhnliche Hausgärten passen **Silos** besser. Die kompakten Behälter lassen sich jederzeit aufstellen und haben in jeder Ecke Platz. Falls nötig, können sie ergänzt werden, sobald die Füllmenge erreicht ist. Die durchschnittlichen Behälter haben ein Fassungsvolumen von etwa 1 m³. Es gibt Zylinder- und Würfelformen. Eine besondere Funktion erfüllen sie normalerweise nicht. Sie dienen nur als Schalung für das Kompostmaterial. Die Verrottung wird dadurch nicht verbessert oder beschleunigt. Allenfalls wirken sich gedämmte Kompostbehälter (sogenannte Thermokomposter) auf die Verrottung aus. »Schnellkomposter« leisten also nicht mehr als gewöhnliche Silos. Wesentlich wichtiger als die Art des Silos ist der richtige Standort, vorzugsweise auf Humusboden, sowie die richtige Zusammensetzung und Durchmischung.

Thermokomposter - selbstgebaut

Obwohl die schwarzen Kunststoffbehälter nicht gerade sehr dekorativ sind, sollen sie dennoch vorgestellt werden. Immerhin haben sie ihren besonderen Wert. Und zwar sind sie mäuse- und rattensicher, wenn sie auf ein engmaschiges Drahtgitter gestellt werden. Außerdem liegen die Abfälle unsichtbar unter einer Abdeckung. Die Rotte vollzieht sich dementsprechend »unter Ausschluss der Öffentlichkeit«.

Zudem sind die **Kunststoffsilos** selbst völlig verrottungsfrei und erfüllen auch nach vielen Jahren noch ihre Funktion - anders als die zunächst schöneren Holzkomposter, die selbst bei bester Imprägnierung nur wenige Jahre halten.

Holzkomposter

Ein weiterer Vorteil ist der einfache Aufbau. Kunststoffsilos lassen sich jederzeit in den Garten holen, etwa wenn Bedarf für einen zusätzlichen Behälter besteht. Sie können zwischen verschiedenen Kunststoffsilos wählen. Es gibt Produkte aus Recycling-Material, aus schwarzem oder aus braunem Plastik, aus eckigen oder runden Teilen, mit Deckel oder ohne Deckel und dergleichen. Am besten machen sich mehrere Behälter der gleichen Bauart. So eine Batterie aus drei oder mehreren Silos wirkt ansehnlicher als ein Sammelsurium verschiedener Typen.

Die billigsten Komposter sind aus **Holz** gebaut. Gewöhnlich handelt es sich um imprägnierte Holzbretter, die sich zusammenstecken und zu einer Würfelform aufbauen lassen. Sie bleiben mehrere Jahre erhalten und lassen sich jederzeit einfach ersetzen. Als ausdauernder haben sich Holzsilos mit Betoneckpfosten erwiesen. Diese Bausätze kosten allerdings ein Vielfaches von den einfachen Holzsilos. Mit ein wenig handwerklichem Geschick können Sie aus alten oder neuen Holzbrettern oder Latten leicht selbst einen oder mehrere Silos zusammenbasteln. Dazu dienen auch Abfallhölzer oder gebrauchte Paletten.

Haltbarer als Holzsilos sind **Metallbehälter**. Bestens bewährt haben sich Bausätze aus verzinktem Maschendraht oder auch Eigenanfertigungen aus stabilen Zaungeflecht. Aus engmaschigem Geflecht lassen sich Silos erstellen, die vor Mäusen oder Ratten sicher sind. Dazu ist auch ein Bodengitter nötig, sowie ein Deckel für das Silo. Für ein einfaches, rundes Metallsilo brauchen Sie ein Stück Maschendraht (gibt's im Baumarkt oder bei Zaunbaufirmen) mit 1 m Breite und bestimmter Länge. Der gewünschte Durchmesser lässt sich mit Hilfe einer Formel errechnen (nach dem griechischen Mathematiker Pythagoras: Länge geteilt durch 3,14). Beispielsweise kommt mit einem Maschendrahtstück von 3 m Länge ein Silo mit ungefähr 1 m Durchmesser zustande. (3 : 3,14 = 0,95). Das wäre ein günstiges Maß für ein Silo. Aus starren Metallstücken lassen sich natürlich auch Komposter in Würfelform bauen.

Metallkomposter

Stabil und verrottungsfest sind Kompostkammern aus **Stein**. Sie können etwa aus Ziegeln gemauert oder aus Betonsteinen aufgeschichtet sein. Für ein Mauerwerk ist ein schmales Streifenfundament nötig. Der Boden darf dabei nicht versiegelt werden! Das Aufbauen ohne Mörtel kann auch direkt auf dem planierten Erdboden geschehen. Dazu dienen vorzugsweise schwere Steine, mit denen sich auch ohne Mörtel feste Verbände schaffen lassen. Grundsätzlich sind nur frostsichere Steine geeignet. Gewöhnliche Ziegel beispielsweise zerbröckeln mit der Zeit.

Kunststoffkomposter

Ebenfalls streng geordnet rotten die Abfälle in einem selbstgebauten **Dreikammernkomposter** dahin. Drei Kammern sind deshalb günstig, weil im Idealfall eine Kammer reifen Kompost bevorratet, eine voll gefüllte Kammer in Ruhe rotten kann und eine dritte Kammer Platz für frische Abfälle bietet.

Recht rustikal wirkt so ein Reihenkomposter, wenn er aus Latten gebaut ist. Denselben Wert haben aber auch drei fertige Bausätze aus Holz, Kunststoff oder Metall, die in einer Reihe stehen.

Praxistipp

Obwohl die handelsüblichen Holzkomposter kesseldruckimprägniert sind, sollten Sie bei Eigenbauten auf Holzschutzmittel verzichten. Selbst die wirksamsten Farben, Lacke oder Lasuren halten den aggressiven Bodentierchen und Huminsäuren nur kurze Zeit stand. Die Wirkstoffe (z.B. Chrom) gelangen bei der Zersetzung in den Boden.

Düngemittelschuppen oder -lager

Während die verschiedenen Kompostarten im Freien reifen oder ruhen, gehören andere Düngemittel unter Dach. Feuchtigkeit kann Verkrustungen oder das Verklumpen zur Folge haben. Nasse Papierpackungen sind ohnehin zu vermeiden. Sie weichen auf und reißen durch. Alle zugekauften Düngemittel und Bodenhilfsstoffe, sowie eigene Präparate, wie etwa Jauchekonzentrate in Kanistern, gehören am besten in einen luftigen, trockenen und kühlen, aber frostfreien Raum.

Im Haus sind solche Mittel unerwünscht. Insbesondere organische Dünger, wie Hornmehl, Knochenmehl oder getrockneter Vogelmist verbreiten tierische Gerüche. Ideal ist ein Schuppen im Garten, der beispielsweise auch als Unterstellplalz für Gartengeräte und andere Utensilien dient. Für die Aufbewahrung von flüssigen Düngemitteln kann eine Kiste konstruiert werden, die mittels Dämmplatten frostsicher ist. Hier haben auch Pflanzenschutzmittel sowie Farben, Öle und dergleichen Platz. Eine verschließbare Türe bewahrt Kinder vor Vergiftungen. Steinmehle, Granulate, Erdsubstrate und andere Güter sind in Regalen gut untergebracht. So ein Schuppen kann eine Eigenkonstruktion sein oder ein Gebäude aus Fertigteilen vom Baumarkt. Es gibt Metall- und Holzhäuschen in verschiedenen Größen und Formen, die recht viel Platz zum Einräumen von Düngemitteln, Substraten, Werkzeugen und anderen Hilfsmitteln bieten.

Praxistipp

Frostsicher sind gewöhnliche Geräteschuppen nicht. Vergessen Sie deshalb nicht, im Herbst verderbliche Produkte in einen frostfreien Raum zu bringen. Sonst kann ein kalter Winter die teuren Mittel zunichte machen. Betroffen sind übrigens auch Pflanzenschutzmittel, Lacke, Baumwachs und dergleichen.

Dreikammernkomposter

Gestaltungsideen

Attraktive Kletterpflanzen verschönern den Komposter und schützten das Kompostiergut vor dem Austrocknen

Schönheiten sind Komposter und Düngemittelschuppen sicher nicht. Dennoch lassen sich diese unverzichtbaren Garten-Einrichtungen ansehnlich gestalten oder herrichten. Eine Kürbispflanze macht beispielsweise jeden Komposter weniger wuchtig und lässt ihn während des Sommers unter Blättern, Blüten und Früchten verschwinden. Ähnlich kann ein Schuppen mit Hilfe einer wüchsigen Kletterpflanze kaschiert werden. Ein Schlingknöterich beispielsweise überwallt ein Blechhäuschen oder eine Holzhütte in wenigen Jahren. Ein tragfähiges Gebäude kann auch ein Grasdach aufgesetzt bekommen. Dazu ist natürlich der entsprechende Dachaufbau nötig. Im übrigen gehört der Kompostplatz zur »Infrastruktur« des Gartens.

Mit Blumen umpflanzt - so fällt der Komposter weniger auf

Eine geschickte Bepflanzung lässt den Komposter verschwinden

Kompostmiete unter Bäumen

Am natürlichsten wirkt eine Kompostmiete im Garten. So ein Hügel aus Abfällen passt aber nur in große Anlagen oder in abseitige Gartenecken. Ideal wäre ein Platz unter Bäumen oder auch neben einer Wildstrauchhecke. Allerdings kann eine Miete auch als Raumteiler beispielsweise zwischen dem Gemüse- und Obstgarten dienen. Er lässt sich dann fast wie ein Hügelbeet nutzen.

Zur Bepflanzung eignen sich Kürbisse, Tomaten und anderes Gemüse.

Erdgrube

Neben oder statt der Kompostmiete kann auch eine Kompostgrube nützlich sein. Dazu wird einfach an einer passenden Steile der Boden ausgekoffert. Die Größe richtet sich nach der Abfallmenge. Eine etwa 1 m² große und 0,50 cm tiefe Grube nimmt eine Menge Material auf. Die Aushuberde dient zum Einstreuen zwischen die Abfälle. Sie fördert die Verrottung.

So eine Grube braucht eine Absicherung (z.B. mit einem trittfesten Lattenrost), damit sie keine Stolperfalle darstellt.

Praxistipp

Übrigens wird die Einrichtung eines Kompostsilos von vielen Städten oder Landratsämtern gefördert und belohnt. Wer nachweislich einen Komposter hat, zahlt weniger Müllgebühren.

Gerüst für Kletterpflanzen

Jeder Komposter bietet sich als Gerüst für Kletterpflanzen an, besonders solche Typen, die aus Latten oder einem Gitter bestehen. Sie lassen sich dauerhaft mit Klettergehölzen begrünen. Efeu oder immergrünes Geißblatt geben den Silos auch im Winter ein grünes Kleid. Im Sommer tragen dann Wikken, Kapuzinerkresse und/oder Prunkwinden zur attraktiven Gestaltung bei. Diese und andere Kletterpflanzen schützen außerdem das Kompostiergut vor Austrocknung. Sie selbst profitieren von der nährstoffreichen Erde neben der Kompoststätte.

Kompostsilos am Balkon

Wer keinen Garten hat, kann mit Hilfe einer Wurmkiste auch am Balkon aus Abfällen Komposterde gewinnen. Im Versandhandel sind dazu Bausätze mit den dazugehörigen Würmern zu bekommen. Auf jeden Fall lässt sich ein Balkon vorübergehend als Zwischenlager für Küchenabfälle nutzen. In einem Eimer sind Kaffeesatz, Gemüsereste, Schnittblumen und dergleichen kurzzeitig gut aufgehoben. Eine gute Mischung und eine luftige Abdeckung verhindern Fäulnis. Sobald der Eimer voll ist, landet der Inhalt beispielsweise in einer Biotonne oder in einem bereitgestellten Kompostierbehälter in der Wohnanlage.

Kompostplatz richtig gewählt

Kompost-plätze anlegen

Kompostplatz & Kompostierung

Kompostplatz und Kompostierung

Der Standort für die Kompostierung sollte gut erreichbar sein und dennoch abseits liegen. Günstig ist ein Platz beim Gemüsegarten, etwa neben einem Geräteschuppen oder unter einem großen Strauch. Ein Würfel oder Zylinder lässt sich aber in jedem Garten unterbringen, so auch in einer Wildstrauchhecke, wenn entsprechend freigeschnitten wird. Notfalls genügt eine kleine Fläche am Zaun oder hinterm Haus für ein geschlossenes Silo.

Normalerweise wird niemand dadurch gestört, wenn der Behälter eine gemischte, luftige Füllung bekommt. Gerüche verbreitet ein gut bestücktes Silo nicht.

Damit der Platz jederzeit leicht erreichbar ist und das Silo nicht ungenutzt herumsteht, sollte der Zugang befestigt sein. Ein schmaler Plattenweg genügt. Natürlich lässt sich der Kompostplatz aber auch weiträumig ausbauen und befestigen, wenn mehrere Silos nötig sind und eine Fläche zum Sieben des fertigen Materials gewünscht wird. Ein einfacher Belag aus Be-

Kunststoffkomposter sind einfach aufzustellen

Nach dem Aufstellen ist der Behälter sofort zum Befüllen bereit. Zur Befüllung des Komposters kommen die vorhandenen Abfälle nach und nach schichtweise in den Behälter.

tonsteinen ist dann gut genug. Selbstverständlich müssen die Standflächen für die Silos beim Plattenlegen oder Pflastern ausgespart bleiben.

Günstiger Standort für einen Kompostplatz; abseits gelegen und durch Begrünung wirkungsvoll kaschiert

Komposter aufstellen und befüllen

Sobald Sie sich für einen bestimmten Kompostertyp oder eine Miete entschieden haben und der passende Standort vorbereitet ist, kann der Aufbau oder die Anlage beginnen.

Gewöhnlich ist ein Holz-, Kunststoff- oder Blechsilo mit wenigen Handgriffen in wenigen Minuten aufgestellt. Es steht dann sofort zum Füllen bereit. Achten Sie darauf, dass der Behälter auf möglichst lockerem Boden, vorzugsweise Humusboden (Mutterboden) steht. Dann ist die Zuwanderung von Würmern und anderen Bodenlebewesen gesichert. Wühlmäuse und Ratten lassen sich mit Hilfe eines engmaschigen Drahtgewebes abhalten, das vor dem Aufstellen des Behälters auf dem Boden ausgebreitet wird. Die vorhandenen Abfälle kommen jetzt nach und nach schichtweise in den Behälter. Besondere Zusatzstoffe sind unnötig. Dennoch fördern einige Schaufeln angerotteten Komposts von einem bereits »aktiven« Silo die Umsetzung. Statt dessen kann auch ein Kompost-

Kompost im Hochbeet

starter aus der Packung gegeben werden, wobei schon wenige Gramm eines solchen Pulvers genügen. Eine wesentliche Beschleunigung ist davon aber nicht zu erwarten. Viel mehr wirkt sich, außer einem Standort auf lebendiger Erde, eine günstige Zusammensetzung und lockere Aufschichtung auf eine rasche Vererdung aus. Erdige und weiche Bestandteile, z.B. Blumenerde, Salatblätter oder Obstschalen, verrotten natürlich schneller als holzige Stengel oder Zweigstücke. Stets ist aber eine gute Durchmischung aller möglichen Abfälle günstig. Die erdigen und weichen Anteile fördern die Verrottung, die holzigen bekommen der Durchlüftung gut.

Komposter lassen sich auch sehr einfach und schnell aus Maschendraht herstellen

Den vorbereiteten Behälter aus Maschendraht stellen Sie auf eine flach ausgekofferte Stelle

Kompostgut

Grundsätzlich dürfen alle Pflanzenteile wie etwa Gras, welke Blumen, Zweige, Gemüsereste, Heckenschnittgut usw. kompostiert werden. Allerdings ist es empfehlenswert, keine kranken Pflanzenteile wie etwa pilzbefallenes Laub, krebserkranktes Holz und dergleichen sowie keine Wurzel- und Samenunkräuter zu kompostieren. Ebensowenig gehören Speisereste auf den Komposthaufen. Sie locken tatsächlich Ratten an. Salat, Gemüseputzreste, Obstschalen, Kaffeesatz, Teebeutel, zerbröselte Eierschalen sind aber durchaus gut kompostierbar. Auch Papier verrottet. Es gehört jedoch besser in die Altpapiertonne, insbesondere Zeitungen, Prospekte und anderes bedrucktes Papier. Zweige, schwache Äste und ähnliche holzige Abfälle sind nicht schlecht, weil sie die Durchlüftung fördern und sich nach der Verrottung leicht entfernen bzw. beim Sieben aussondern lassen.

Der fertige Kompost ist nur so gut, wie die Rohstoffe, aus denen er gemacht wird. Es ist deshalb zu empfehlen, den Kompost aus vielen verschiedenen Stoffen zu bereiten und diese gut zu durchmischen. Dazu gehören auch mineralische Bestandteile, so etwa Ziegelsplitt, Blähtongranulat oder Sand. Vogelsand lässt sich besonderes gut auf dem Kompost entsorgen. Er trägt zur Belüftung bei und führt Nährstoffe in Form von Mist zu. Auch beim Reinigen anderer Tierbehausungen fallen brauchbare Reste an.

Praxistipp

Im Winter ziehen sich Regenwürmer und andere Kleintiere aus der oberen Bodenkrume in tiefe Bodenschichten zurück. Auch aus dem Kompost verschwinden sie bei anhaltender Kälte. In großen Komposthaufen vollzieht sich allerdings auch im Winter die Rotte.

Gut kompostierbar: Salat und Gemüseputzreste

Möglichst vielfältige Abfälle auf den Kompost geben

Als Kompostiergut eignen sich auch welke Blumen

Das Sammelgutgefäß für die Küche sollte nicht allzu groß sein, damit ein regelmäßiges Entleeren gewährleistet ist

Holzhäcksel fördern die Durchlüftung des Kompostes

Praxistipp

Wählen Sie für die Küche kein zu großes Gefäß zum Sammeln brauchbarer Abfälle. Andernfalls bleibt das Kompostiergut zu lange liegen und beginnt zu faulen. Die unangenehme Masse wird dann ungern entsorgt.

Am besten eignet sich eine kleine Schale, die täglich geleert wird. Zum Säubern dient Küchenkrepp, das mit den Abfällen auf dem Kompost landet. Notfalls lässt sich aber auch ein Eimer zum Zwischenlagern auf dem Balkon platzieren. Dieser wird dann gelegentlich zum Entleeren in den Garten gebracht.

Verlauf der Rotte

Zunächst vermehren sich Bakterien im Kompostmaterial. Sie erzeugen durch eine enorme Aktivität eine hohe Wärme. Dadurch zersetzen sich grobe Pflanzenteile. Danach breiten sich Pilze im Kompost aus. Sie nehmen die Ammoniakgase auf, die während der Zersetzung aus den Pflanzenteilen entweichen. Sie tragen aber auch selbst zur Zersetzung bei, indem sie mit Pilzfäden (Myzel) in die rottenden Bestandteile eindringen und davon zehren. Sobald dieser bakterielle und pilzliche Reifeprozess abklingt, dringen Bodentierchen wie Springschwänze, Asseln und Tausendfüßler in den »vorverdauten« Haufen ein. Sie zerkleinern das Material und bereiten es für die Kompostwürmer vor. Diese wohl wichtigsten Bodenlebewesen namens »Eisenia foetida« verzehren die zerkleinerten Rohstoffe und wandeln sie in Erde um.

Praxistipp

Sollte das Füllgut dennoch einmal unangenehme Gerüche verbreiten, wenn zu viel verdichtetes Material (z, B. Rasenschnittgut) zusammengepackt wurde, hilft es meistens schon, den Inhalt oder Haufen umzusetzen. Dabei werden die fauligen Abfälle mit luftigem Material durchmischt. Zum Binden der Gerüche eignet sich zudem Steinmehl, das immer wieder zwischen die neuen Schichten eingestreut wird.

Teilweise vererdeter Kompost

Kompostzusätze

Guter Gartenkompost braucht normalerweise keine besonderen Zusatzstoffe. Er enthält ja alle möglichen Materialien, die zur Umsetzung in wertvolle Erde nötig sind. Günstig wirkt sich jedoch das »Impfen« mit bereits angerottetem oder halbfertigem Kompost von einem anderen Haufen aus. Mit kleinen Portionen, die beim Aufsetzen gegeben werden, kommen Mikroorganismen und Würmer in das frische Material. Das fördert natürlich die biologischen Vorgänge.

Silikate enthalten Kieselsäure; sie stärken die Pflanzen

Im Handel sind auch fertige Produkte erhältlich. Solche **»Komposttarter«** oder **»Kompostbeschleuniger«** enthalten Bakterien und Pilzkulturen. Die Fertigprodukte sind aber nicht besser als ein paar Schaufeln voll halbfertiger Komposterde. Als weitere Zusatzstoffe kommen **Steinmehle** und **Kalk** in Frage. Kleine Portionen davon, die immer wieder eingestreut werden, verbessern den Gehalt an Spurenelementen bzw. den Kalkgehalt. Bei Laubkompost für Moorbeetpflanzen darf natürlich kein Kalk gegeben werden. Diese spezielle Erde soll ja kalkfrei sein.

Steinmehl verbessert den Gehalt an Spurenelementen im Kompost

Wann ist der Kompost fertig?

Es kann je nach Art der Abfälle wenige Monate oder über ein Jahr dauern, bis ein Kompost völlig vererdet ist. Während beispielsweise ein gemischter Kompost aus Küchenabfällen, Blumenerde, Rasenschnittgut und dergleichen schon nach etwa einem halben Jahr fertig ist, braucht ein purer Laubkompost mindestens ein Jahr. Die Dauer der Rotte ist zudem von der Jahreszeit abhängig. Im Winterhalbjahr nimmt die Aktivität der Bodentierchen ab. Dementsprechend verringern sich die Umwandlungsvorgänge. Stichproben zeigen den Zustand an. Wenn nach dem Freilegen (bei einer Miete) oder nach dem Abnehmen der Seitenteile (bei einem Silo) offensichtlich braune Erde zum Vorschein kommt, ist die Verrottung fast oder völlig beendet. Sollten sich noch Würmer in der Erde befinden, dauert es noch einige Wochen, bis der Kompost fertig ist. In diesem Zustand ist aber schon eine Verwertung im Garten möglich. Wenn Erde für Pflanzsubstrate oder zur Aussaat gebraucht wird, muss der Kompost völlig reif sein. Eine sichere Methode zur Reifeprüfung ist der Kressetest. Dazu wird eine kleine Portion Kressesamen in eine Saatschale gegeben. Wenn die Saat gleichmäßig aufgeht, ist der Kompost mit Sicherheit reif.

Reifer Kompost

Reifer Kompost ist ein optimaler Nährstoffspender

Erde dämpfen

Bei empfindlichen Kulturen, insbesondere bei Mischungen von Aussaat-Substraten, empfiehlt es sich, den Kompost zu sterilisieren. Das kann in einem alten Topf im Backofen geschehen. Nach etwa 30 Min. bei 80 °C sind alle Keime abgetötet.

Eigenschaften

Reifer Gartenkompost ist auf jeden Fall ein wertvolles Bodenverbesserungsmittel. Er kann beispielsweise als Zusatzstoff für Pflanzsubstrate hergenommen werden, zum Beimischen der Aushuberde bei Pflanzungen, als leichter Dünger im Gemüsegarten, zum Anhäufeln von Edelrosen usw. Der Gehalt an Nährstoffen ist natürlich von den verwendeten Abfällen abhängig. Auf jeden Fall trägt jeder Kompost zur Lockerung und Humusversorgung bei.

Inhaltstoffe in reifem Gartenkompost (Durchschnitt je nach Zusammensetzung der Abfälle)

Stickstoff (N)	0,5 – 1,5 %
Phosphor (P)	0,1 – 0,8 %
Kali (K)	0,3 – 0,8 %
Magnesium (Mg)	0,1 – 2,0 %
Kalk (Ca)	1,0 – 12 %
organische Substanz	20 – 40 %
pH-Wert	6,5 – 8 %

Sonderkompost

Laubkompost

Das Herbstlaub bietet sich geradezu als Rohstoff zum Kompostieren an. Es lässt sich für einen Universalkompost mit anderen Abfällen aufschichten. Sie können aber auch gezielt Laubkompost produzieren. Dazu wird nur das Falllaub gesondert aufgesetzt. Es verrottet dann zu purer Lauberde. Die Verrottung dauert allerdings wesentlich länger als bei gemischten Abfällen. Lauberde eignet sich zur Bodenverbesserung in Heidebeeten oder in Mischung mit anderen kalkfreien Stoffen zum Pflanzen von Rhododendren, Heidelbeeren und verwandten Moorbeetpflanzen.

Mistkompost

Frischer Mist wirkt schädlich, wenn er direkt mit den Pflanzen in Berührung kommt. Er benötigt eine Ruhezeit, in der giftige Ammoniakgase entweichen und ätzende Stoffe abgebaut werden. Der beste Mist kommt deshalb vom Komposthaufen. Er lässt sich wiederum mit anderen Abfällen gemischt aufsetzen oder separat kompostieren. Mistkompost von Geflügel, Kaninchen, Rindern oder anderen Haustieren ist ein vollwertiger Dünger und darf nur in kleinen Mengen gegeben werden.

Laubkompost

Mist eignet sich zum Untermischen mit anderen Abfällen

Kompostiergut

Mischkulturfür den Kompost

Reifer Kompost

Analyse des Gartenbodens

Bodenbeschaffenheit

Der Boden ist ganz wesentlich bei der Düngung und Kompostierung zu beachten. So hat es beispielsweise wenig Wert, einen durchlässigen Sandboden mit schnellöslichen Düngemitteln zu versorgen. Der nächste Regen wäscht die Nährstoffe aus. Sie kommen dann natürlich nicht den Pflanzen zugute, sondern gelangen unter Umständen sogar ins Grundwasser. Ebenso unsinnig ist es, einen von Natur aus nährstoffreichen Lehmboden zu düngen. Die zusätzlichen Nährstoffe gehen zwar nicht verloren, zumal sie in den Bodenkrümeln gespeichert werden. Dennoch haben die Pflanzen wenig davon. Sie sollen ja nicht gemästet werden, sondern im besten Fall aus dem Vollen schöpfen. Dazu genügt aber oft das vorhandene Nährstoffangebot. Denken Sie beispielsweise wieder an das Vorbild von »Mutter Natur«. Gehölze in Bergwäldern beispielsweise, die noch nie ein Gramm Dünger bekommen haben, sind dennoch gut genährt. Nur auf Extremstandorten, etwa auf Felsen, macht ihnen das geringe Nahrungsangebot zu schaffen. Bevor Sie also zu irgendwelchen Düngemitteln greifen, sollten Sie den tatsächlichen Zustand des Boden beachten. Viel hilft viel - das stimmt meistens nicht.

Und hier sei ein allgemein gültiger Lehrsatz erwähnt, den der Erfinder der künstlichen Düngung, Justus von Liebig (1803-1873), geprägt hat: Dass Wachstum der Pflanze richtet sich nach dem Nährstoff, der im geringsten Maß vorhanden ist. Das heißt also, es kann ein Übermaß an Stickstoff, Phosphor und Kali im Boden

Erst die Bodenbeschaffenheit erkennen, dann gezielt den Boden verbessern

Schwerer Lehmboden

gelöst sein, wenn aber beispielsweise Calcium fehlt, wirkt sich dieser Mangel ganz entscheidend auf das Wachstum aus.

Vor einer Düngung, insbesondere mit schnell wirksamen Mitteln, lohnt es sich, den Boden erst zu untersuchen oder analysieren zu lassen. Selbstverständlich wird niemand jedes Mal vor einer Pflanzung eine tiefgreifende Bodenanalyse durchführen. Dennoch lohnt sich so ein Test. etwa bei der Neuanlage eines Gemüsegartens, oder auch wenn die Pflanzen sichtlich schlecht gedeihen und offenbar ein Düngefehler bzw. ein Nährstoffmangel vorliegt. Oft zeigen die Pflanzen selber an, was ihnen fehlt; so etwa zeichnet sich Stickstoffmangel durch ein kümmerliches Wachstum ab. Mangelhafte Blütenbildung hat häufig einen geringen Phosphatanteil als Ursache. Kränkelnde Pflanzen weisen auf Kalimangel hin. Denken Sie aber daran, dass jeder Boden einen ausreichenden Anteil aller Nährstoffe enthält. Die meisten Gartenböden sind sogar eher überdüngt als unterversorgt.

In diesem Zusammenhang sei nochmals auf den besonderen Wert von eigenem Gartenkompost hingewiesen. Dieses Naturprodukt ist ein leichtes Düngemittel und ein Humusspender zugleich. Die enthaltenen Nährstoffe sind gut an die Humusbestandteile gebunden und werden nur langsam bei Bedarf gelöst.

Kompost wirkt also niemals schädlich, sondern ist stets ein gutes Bodenverbesserungsmittel. Obwohl man Jungpflanzen direkt in reifen Kompost setzen könnte, ist das selbstverständlich keine empfehlenswerte Praxis. Vielmehr dienen Kompostgaben immer wieder zum Verbessern der vorhandenen Gartenerde.

Bodenarten und Wirkung

Sand	leichter mineralischer Boden, durchlässig, geringes Speichervermögen für Wasser und Dünger, geringer Nährstoffgehalt, gute Erwärmung, leicht zu bearbeiten
Lehm	schwerer mineralischer Boden, undurchlässig, hoher Nährstoffgehalt, gutes Speichervermögen, jedoch geringe Abgabe, schwer zu bearbeiten
Ton	schwerer mineralischer Boden, stark verdichtet, klumpig, undurchlässig, kalt, hoher Nährstoffgehalt, jedoch geringe Abgabe, schwer zu bearbeiten
Humus	vorwiegend organischer Boden aus verrotteten Pflanzenteilen, locker, gutes Wasser- und Nährstoffspeichervermögen, leicht zu bearbeiten
Am besten sind **Mischböden**, insbesondere sandiger Lehm mit Humusgehalt.	

Zeigerpflanzen

Es gibt einige typische Pflanzen, die vorzugsweise auf bestimmten Böden gedeihen. Sie weisen daher auch recht eindeutig auf den Zustand des Bodens hin.

Art	Hinweis
Huflattich	hoher Kalkgehalt
Brennnessel	Humusboden, hoher Stickstoffgehalt
Löwenzahn	nährstoffreicher Lehmboden
Ackerdistel	nährstoffreicher Lehmboden
Vogelmiere	Humusboden, hoher Stickstoffgehalt
Franzosenkraut	Humusboden, hoher Stickstoffgehalt
Echte Kamille	Lehm, Nährstoffe

Bodenarten in Bezug auf Bepflanzung

Die meisten Pflanzen sind recht tolerant, was die Beschaffenheit des Bodens betrifft. Es bleibt ihnen ja auch in freier Natur nichts anderes übrig.

So wachsen Waldbäume beispielsweise in Niederungen auf Kies-, Sand-, oder Lößböden, und in Hochlagen gleichermaßen auf Schotter oder felsigem Gelände. Und so gedeihen auch Obst- und Ziergehölze derselben Art von Norddeutschland bis zu den Alpen in den Gärten, und zwar auf allen möglichen Böden. Das kann etwa mooriger Grund in Schleswig-Holstein sein, karstiger Gesteinsboden in den Mittelgebirgen oder auch nährstoffreiches Schwemmland in den Flussniederungen.

Unabhängig von den mehr oder weniger tiefgreifenden Bodenverbesserungen bei der Pflanzung dringen sie mit ihren Wurzeln in das vorhandene Bodengefüge vor und kommen damit auch zurecht. Allerdings machen sich Unterschiede schon bemerkbar. So wird beispielsweise ein Kirschbaum auf steinigem Boden stets zu kämpfen haben, während er in tiefgründigem Lößboden ohne Schierigkeiten gedeihen kann. Dementsprechend sind natürlich auch die Unterschiede in der Wuchskraft und nicht zuletzt in der Ertragsfähigkeit sichtbar.

Es gilt also, besonders im eigenen Garten beste Bedingungen für die jeweiligen Pflanzen zu schaffen oder aber passende Pflanzen für die vorhandenen Verhältnisse auszuwählen. Dabei gibt es wesentliche Unterschiede hinsichtlich der Arten. So dringen Gehölze in tiefe Bodenschichten vor, die sich kaum ändern oder beeinflussen lassen. Gemüse, Stauden und Sommerblumen brauchen dagegen nur eine recht geringe Bodenschicht. Für sie lässt sich der Boden leichter optimal aufbereiten.

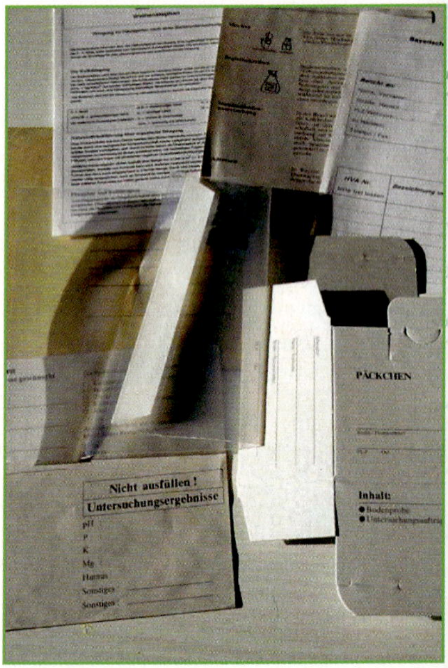

Um die Bodenbeschaffenheit zu überprüfen, entnehmen Sie eine Bodenprobe.

Das Ergebnis der Wasserprobe (v.l.n.r): Sand, Humus, Lehm

Einfache Bodenprobe

Wie der Boden in Ihrem Garten beschaffen ist, können Sie ganz einfach durch so genannte Handproben feststellen. Lehmiger Boden lässt sich kneten und zu einer Wurst rollen. Sandboden rieselt durch die Finger. Humus ist weich und faserig. Meistens liegen allerdings Mischungen vor.

Ein Gartenboden, der aus verschiedenen Stoffen zusammengesetzt ist, lässt sich mit Hilfe einer Wasserprobe bestimmen. Ein Löffel davon in einem Glas Wasser aufgelöst, zeigt die Zusammensetzung an. Die Sandanteile sinken nach einer Weile zu Boden. Die Humusteilchen schwimmen oben auf. Die Lehmteile schweben im Wasser und bilden eine trübe Brühe. Je nach den einzelnen Anteilen wird so sichtbar, ob es sich beispielsweise um einen sandigen Lehmboden mit Humusgehalt handelt, einen lehmigen Sandboden mit Humus oder um eine andere Bodenart.

Tonboden

Bodenanalyse

Das Messen des Säuregrads bzw. des Kalkgehalts (pH-Wert-Messung) ist ganz einfach mit Testsets aus dem Gartenfachhandel möglich. Ebenso gibt es solche Minilabors zum Messen des Stickstoffgehalts (Nitrat-Test). Damit lassen sich – neben der Hand- und Wasserprobe – weitere Erkenntnisse sammeln. Eine umfassende Bodenuntersuchung ist jedoch nur in einem Labor möglich. Das kann ein privates Unternehmen sein oder eine staatliche Landesuntersuchungsanstalt (LUFA). Adressen finden Sie bei »Bezugsquellen« (vgl. Seite 64). Zur Prüfung sind etwa 500 Gramm Gartenboden nötig. Dazu wird die entsprechende Menge in eine Tüte gepackt und an das zuständige Labor geschickt.

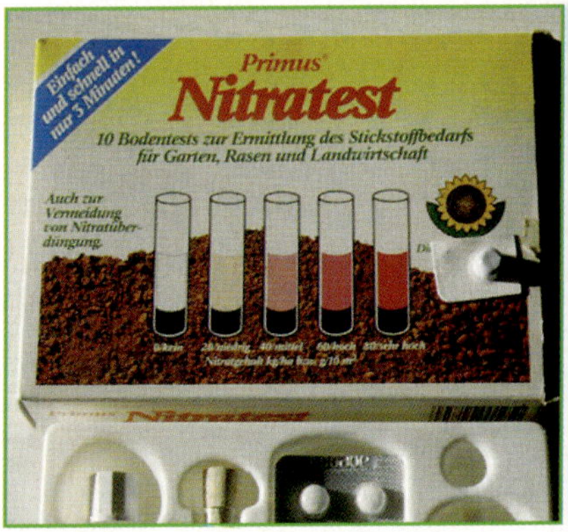

Nitrat-Test

(Anleitungen, Verpackungsmaterial und eine Preisliste bekommen Sie vom jeweiligen Labor).

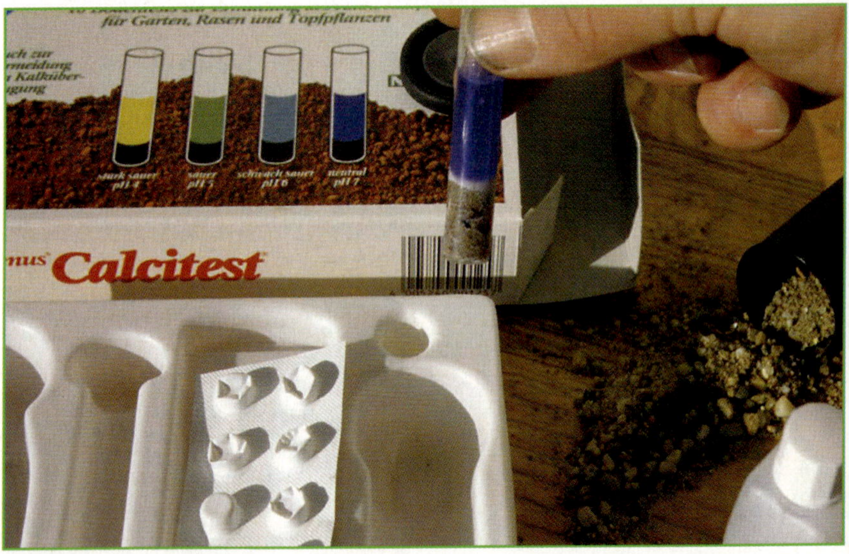

Testset zur Bestimmung des pH-Wertes

pH-Wert														
0	1	2	3	4	5	6	7	8	9	10	11	12	13	14
extrem sauer			stark sauer				neutral		stark alkalisch				extrem alkalisch	

pH-Wert

Dieser Fachbegriff aus der Chemie ist die lateinische Abkürzung von potentia hydrogenii; er bedeutet soviel wie Potenz des Wasserstoffs. Der pH-Wert ist eine Messzahl für den Säuregrad einer Substanz. Die Säurewirkung wird von positiv geladenen Wasserstoffteilchen und negativ geladenen Hydroxidionen verursacht. Der pH-Wert zeigt das Verhältnis an. Die Werte reichen von 0 bis 14. 0 ist sehr sauer, 14 ist sehr alkalisch (basisch). Bei 7 ist das Verhältnis ausgeglichen oder neutral. Die meisten Gartenböden sind neutral oder leicht alkalisch und damit für fast alle Pflanzen verträglich. Nur wenige Böden wirken sauer (z. B. Torf) oder alkalisch (z. B. Kalkmergel). Diese Böden lassen sich jedoch durch Kalkgaben bzw. durch Torf neutralisieren.

Dunkelbrauner Humus

Dunkelbrauner Humus

Praxistipp

Zum Vergleich einige Werte: Essig hat einen pH-Wert von 3. Wasser liegt im neutralen Bereich um 7. Torf ist sauer bei 4-5. Düngekalk ist alkalisch (ca. 8). Gartenkompost hat einen Wert zwischen 6,5 bis 7.

Magerer Boden, fetter Boden

Schon beim Anblick sind Eigenschaften eines Bodens erkennbar. Lehmboden glänzt speckig und wird daher auch als fetter Boden bezeichnet. Er ist meistens reich an Nährstoffen. Sandboden lässt sich als magerer Boden erkennen. Sand hat nur ein geringes Speichervermögen und enthält dementsprechend wenig Nährstoffe. Die Farbe sagt allerdings wenig über den Wert eines Bodens aus! So kann ein rötlicher Lehmboden nährstoffreicher sein als ein dunkelbrauner Humusboden. Genaue Angaben sind diesbezüglich nur mit Hilfe von Nährstoffanalysen möglich.

Speckig glänzender Lehmboden

Bodenverbesserung

Anhand der eigenen Bodenbestimmung oder mit Hilfe des Untersuchungsergebnisses vom Labor kann eine gezielte Bodenverbesserung durchgeführt werden – sofern sie nötig ist. Dabei sind natürlich auch nicht messbare, aber dennoch ungünstige Verhältnisse zu verändern. So vertragen nur wenige Gartenpflanzen Bodenverdichtungen. Sie erschweren die Wurzelbildung und hemmen das Wachstum. Häufig bildet sich auf solchen Schichten auch Staunässe.

Im Zuge der Bodenverbesserung gilt es, Bodenverdichtungen zu durchbrechen und nachhaltig zu lockern. Besonders nach dem Hausbau, wenn der Gartenboden unter die Räder schwerer Baumaschinen gekommen ist, lohnt sich eine tiefgründige Lockerung. Dazu gibt es spezielle Anbaugeräte für Traktoren. Nach dem Einsatz eines Tiefenlockerers kann das Grundstück dann noch gründlich mit einer Fräse bearbeitet werden. Auf kleinen Flächen, etwa im Gemüsegarten, wo kein Maschineneinsatz möglich ist, genügt das Lockern mit dem Spaten oder einer Grabgabel.

Umgraben oder harken

Beständig lockerer Boden braucht normalerweise keine tiefgründige Behandlung. Es genügt, wenn er vor der Bepflanzung oberflächlich gelockert wird. Für schweren Lehm- oder Tonboden oder aber zur Einarbeitung von Bodenhilfsstoffen ist das Umgraben aber nach wie vor unverzichtbar. Allerdings geschieht es mit der Grabgabel schonender als mit dem Spaten. Die günstigste Zeit dafür ist im Herbst. Während des Winters dringt Wasser in die Schollen ein. Der Frost sprengt diese Erdbrocken und macht sie mürbe. Der frostgare Boden lässt sich dann im Frühjahr leicht zu Krümeln zerkleinern. Natürlich sind Bodenverbesserungen auch sonst das ganze Jahr hindurch möglich, solange kein Bodenfrost herrscht.

Lehmerde einarbeiten

Sand lockert den Boden auf

Wasserspeicherfähigkeit erhöhen

Lockerer, luftiger Boden kann aber auch mehr Wasser speichern als schwerer, verdichteter Boden. Immerhin bietet er mehr Hohlräume und Poren zum Sammeln von Wassertröpfchen. Das Lockern und Einarbeiten von luftigem Material, wie etwa Kompost, Sand und Blähtongranulat, hat also auch günstige Auswirkungen auf die Wasserspeicher- und Wasserleitfähigkeit. Besonders bei schwerem Lehm- oder Tonboden, der rasch verklumpt und verschmiert, machen sich solche Bodenhilfsstoffe positiv bemerkbar. Andererseits lässt sich leichter Sandboden durch das Einarbeiten von Lehm oder auch von Kompost bindiger und speicherfähiger machen.

Pufferungsvermögen verbessern

Mit der Lockerung und Verbesserung der Bodenstruktur mittels Hilfsstoffen, z. B. mit Kompost und Sand, wächst auch das Pufferungsvermögen. Das heißt, nachhaltig lockerer Boden kann nicht nur den Gasaustausch und die Wasserverteilung besser bewältigen, sondern auch die Aufnahme und gleichmäßige Abgabe von Nährstoffen. Düngemittel bleiben also länger erhalten und bewirken keine Schäden an den Wurzeln.

Düngen, aber richtig

Düngemittel

Vor der Einführung von mineralischen und chemischen Düngemitteln („Kunstdünger") diente außer **Kompost** vorwiegend **Mist** zur Bodenverbesserung und Nährstoffversorgung. Das war entweder Stallmist oder Mist von Geflügel und anderen Haustieren. Dieser wurde im Herbst auf den Feldern und Beeten verteilt und eingegraben, so dass er bis zum Frühjahr verrottet war. Heute beherrscht ein großes Sortiment an verschiedensten **Fertigprodukten** den Markt. Das können natürliche mineralische Dünger sein (z. B. Chilesalpeter), chemische Dünger (z. B. »Blaukorn«) oder auch organische (z. B. »Guano") sowie Mischdünger aus beiden Arten (z. B. mineralischer Volldünger mit Hornspänen). Zudem gibt es eine Reihe von Spezialdüngemitteln, die auf Sonderkulturen abgestimmt sind (z. B. Erdbeerdünger, Rosendünger, Tannendünger etc.). Es handelt sich meistens um chemische Volldünger, die je nach Bedarf eine unterschiedliche Zusammensetzung an Einzelnährstoffen haben. Der Anteil ist an den Packungsangaben ersichtlich. Solche Produkte erleichtern die Anwendung und Dosierung. Sie wirken aber nicht viel anders als gewöhnliche Volldünger.

Richtige Anwendung

Im Vergleich zu altbewährten, organischen Düngemitteln, wie verrottetem Stallmist oder Kompost, sind fertig abgepackte Dünger wesentlich stärker konzentriert. Dementsprechend wirken sie auch intensiver. Sie werden gezielt

Herkömmliches Düngermittel: Mist

produziert und zusammen gemischt, um eine hohe Wuchsleistung oder üppige Erträge zu erzielen. Kompost oder Mist sind dagegen Nebenprodukte, die in der Landwirtschaft oder auch bei der Kleinviehhaltung beziehungsweise im Garten und in der Küche anfallen. Natürlich zeigen auch diese Mittel Wirkung und bedürfen einer maßvollen Verwendung. Dennoch haben **Düngefehler** mit fertigen Konzentraten wesentlich schwerwiegendere Folgen als mit Mist oder Kompost. Vor jeder Düngung mit einem handelsüblichen Produkt sind deshalb unbedingt die Packungsangaben zu beachten. Keinesfalls darf sozusagen gefühlsmäßig ein Düngemittel gestreut oder gegossen werden.

Diese Methode schadet mehr als sie nützt. Außerdem verursacht sie unnötige Kosten, zumal handelsübliche Düngemittel durchaus ihren Preis haben. Und nicht zuletzt können solche Produkte giftig wirken, etwa wenn sie ins Grundwasser gelangen oder ausgasen. Auch Mist kann unerwünschte Wirkungen zeigen, wenn er falsch verwendet wird. Keinesfalls darf beispielsweise frischer Mist aus Stallungen den Pflanzen direkt gegeben werden. Der beste Mist kommt sozusagen vom Kompost. Das heißt, erst nach einer Zwischenlagerung auf dem Mist- oder Komposthaufen ist dieser tierische Dünger gebrauchsfertig und pflanzenverträglich.

Im Trend – der Komposter

Mist als konventionelles Mittel zur Bodenverbesserung

Handelsdünger

Alle Düngemittel, die abgepackt im Handel angeboten werden, sind sogenannte Handelsdünger. Es können sowohl industriell produzierte oder natürliche Mittel sein, oder auch Mischungen. Auf der Packung steht neben der Produktbezeichnung des Herstellers (z. B. »Nitrophoska spezial«) auch die Art des Düngemittels. Daraus ist ersichtlich, ob es sich um einen industriell hergestellten Mineraldünger (Kunstdünger) handelt, einen natürlichen Mineraldünger (z. B. Düngekalk), um ein organisches Produkt (Naturdünger) oder aber um eine Mischung verschiedener Typen. Die Bezeichnung **Volldünger** bekommen in der Regel solche Mittel, die gezielt aus allen Hauptnährstoffen zusammengemischt sind. Diese können wiederum aus anderen Industrien stammen, wie etwa

Thomasphosphat, ein Abfallprodukt aus der Eisenindustrie. Es können aber auch Naturstoffe sein, wie etwa Chilesalpeter, ein mineralischer Stickstoffdünger. Auf jeden Fall ist der Anteil an Einzelnährstoffen in Zahlen gekennzeichnet. So sagt z. B. die Bezeichnung NPK-Volldünger mit Magnesium 12-t-12+17+8 aus, dass es sich um einen Dünger handelt, der 12 % Stickstoff (N), 12 % Phosphor (P), 17 % Kali (K) und 8 % Magnesium (Mg) enthält.

Zudem sind noch weitere Spurenelemente in geringen Mengen vorhanden, so etwa Bor, Zink, Eisen, Molybdän und Schwefel. Die restlichen Anteile sind Zusatz- oder Beistoffe, wie Schlacke oder Gesteinsteilchen. Ein solcher Volldünger (in diesem Beispiel »Blaukorn«) wirkt also intensiv und rasch auf die vorhandenen Pflanzen, zumal die Einzelnährstoffe in wasserlöslicher Form vorliegen. Er muss also genau dosiert werden. Dazu dienen wiederum Hinweise auf der Packung, die entsprechend umzurechnen sind (z. B. für eine Grunddüngung oder Vollversorgung 10 kg pro 100 qm).

Bei diesen Empfehlungen sind jedoch die im Boden vorhandenen oder zusätzlich gegebenen Nährstoffe (z. B. mittels Kompost) nicht mit einbezogen. So sollten einer Volldüngung mit einem Handelsdünger stets genaue Bodenuntersuchungen vorangehen. Hier sei darauf hingewiesen, dass die meisten Gartenböden ohnehin überdüngt sind. Eine Volldüngung ist also meistens unnötig oder sogar schädlich. Im Garten gilt es ja nicht Höchsterträge für den Verkauf zu erwirtschaften, sondern gute und schöne Gartenfrüchte und Zierpflanzen zu bekommen. Dazu sollten zunächst die vorhandenen Nährstoffreserven im Boden und natürliche Nährstoffquellen, wie Kompost oder Kräuterjau-

Verschiedene Düngemittel

chen, genutzt werden. Sie lassen sich bei Bedarf mit unbedenklichen Zusatzstoffen wie natürlichen Steinmehlen, sowie durch gezielte Methoden, wie die Gründüngung aufbessern und begünstigen. Auf Kunstdünger kann dadurch weitgehend verzichtet werden. Das erspart unnötige Kosten und schließt Unsicherheiten, wie Auswaschungsgefahr, Überversorgung, Chlorrückstände (durch Chlorid in den Volldüngern), Giftstoffbildung (z.B. bei Kalkstickstoff) und dergleichen aus. Jedenfalls sollten solche Volldünger im Gemüsegarten nur sehr sparsam oder besser gar nicht zum Einsatz kommen. Bei Bäumen und Sträuchern sind sie sowieso unnötig, da deren Wurzeln selbst Nährstoffvorräte im Boden ergründen.

Nährstoffe und ihre Wirkung

Nährstoff	Beeinflusst	Mangelerscheinung
N = Stickstoff	Triebwachstum, Blattbildung	Kümmerwuchs
P = Phosphor	Blütenbildung	Blütenmangel
K = Kali	Stabilität, Gesunderhaltung	Krankheitsanfälligkeit
Mg = Magnesium	Gesunde Blattfarbe	Blattchlorosen
Ca = Calcium (Kalk)	Gesamte Lebensvorgänge, Fruchtentwicklung	Kümmerwuchs

Spurenelemente und ihre Wirkung

Element	Beeinflusst	Mangelerscheinung
Fe = Eisen	Blattgrünbildung, Atmung, Stoffwechsel, Photosynthese	Blattchlorosen
Mn = Mangan	Blattgrünbildung, Atmung, Enzymsteuerung, Photosythese	Laubfall, Nekrosen, braune Blattflecken
Zn = Zink	Chlorophyllbildung, Eiweißumwandlung	Wachstumshemmung, weißgrüne Blattflecken
Cu = Kupfer	Photosynthese, Stickstoffverwertung	Spitzendürre
Mo = Molybdän	Stoffwechsel, Eisenaufnahme	Triebdeformationen, braune Blattränder
B = Bor	Stoffwechsel, Nährstoffaufnahme	Wachstumsstörungen, geringe Wurzelbildung
Cl = Chlor	Quellwirkung, Stoffwechsel	Welkeerscheinungen, Wurzelverdickungen

Auswahl organischer Dünger

Element	N	P	K	Mg	Ca	organische Substanz
Kompost	0,5 – 1,5	0,1 – 0,8	0,3 – 0,8	0,1 – 2,0	1,0 – 12	20 – 40
Pferdemist	0,5	0,3	0,4	0	0,2	30
Rindermist	0,5	0,2	0,5	0	0,5	25
Hühnermist	1,5	1,5	1	0	3	30
Guano	7	11	2,5	1	12	50
Knochenmehl	3-5	21	0,2	0	30	30
Holzasche	0	2-4	6-10	0	30 – 35	0

Im Vergleich dazu mineralische Dünger

Element	N	P	K	Mg	Ca	organische Substanz
Basaltmehl	0	0,9	0,6	3,8	12,5	0
Blaukorn	8	8	8	0	0	0

N=Stickstoff, P=Phosphor, K= Kali, Mg=Magnesium, Ca=Calzium

Düngemittel in Granulatform

Düngemittel in Granulatform

Dünger-Arten

Neben Kompost gibt es eine Reihe verschiedener Düngemittel in unterschiedlichen Packungen (meist in Kunststoffsäcken), Mengen (100 Gramm bis 50 kg) und Formen (Granulat, Pulver, Flüssigdünger). Besonders zu beachten sind neben der Zusammensetzung und dem Gehalt an Einzelnährstoffen auch die **Wirkungsformen**. Manche Typen wie Kalkstickstoff können unverzüglich nach der Ausbringung zunächst ätzend sein. Erst durch einen Umwandlungsprozeß bildet sich der gewünschte Stickstoffdünger. Solche Mittel sind selbstverständlich mit besonderer Vorsicht zu behandeln. Das gilt übrigens nicht nur für künstlich hergestellte Dünger, sondern auch für Naturdünger wie Vogelmist (z. B. Guano), die einen hohen Gehalt an Phosporsäure aufweisen. Beachten Sie also stets die Beipackzettel beziehungsweise die Angaben und halten Sie die Dosierhinweise auf den Packungen ein. Düngefehlern ist oft wesentlich schwieriger abzuhelfen als einer mangelhaften Versorgung.

Steinmehl

Steinmehle

Im biologischen Gartenbau werden seit längerer Zeit mit Erfolg Steinmehle eingesetzt. Sie enthalten zwar auch Pflanzennährstoffe, dienen aber wie Kalk in erster Linie der **Verbesserung der Bodenstruktur**. Es gibt verschiedene Arten, die unterschiedlich wirken.

Bei den Silikatgesteinen lassen sich Basalte und Granite unterscheiden. Basalte enthalten wenig Quarz, dagegen mehr dunklere Minerale, die reich sind an Kalzium, Magnesium und Eisen. Die helleren Granite bestehen zum großen Teil aus Quarz und Feldspat, die Kalium enthalten. Die Wirkung im Boden ist von der chemischen Zusammensetzung und vom Vermahlungsgrad abhängig. Basaltmehle sind reich an Spurenelementen. Sie wirken basisch und eignen sich vor allem für leichte, zur Versauerung neigende Sandböden. Ihr Einsatz hat sich ebenso zur Versorgung mit Spurenelementen bei Obst und Gemüse bewährt. Granitmehle setzt man auf schweren Böden ein. Dort sorgen sie für mehr Durchlüftung und eine bessere Wasserführung. Mehle aus basischem Gestein wie Basalt enthalten meistens viele Nährstoffe. Allerdings liegen diese nicht wie bei synthetischen Düngern in leicht wasserlöslicher Form vor. Sie wirken langfristig. Eine Überdüngung mit Gesteinsmehlen ist praktisch nicht möglich. Dennoch müssen sie gleichmäßig und sparsam gestreut werden, damit sie nicht verkrusten.

Nährstoffgehalt von Gesteinsmehlen

	Basalt	Granit
Quarz	unter 1 %	20 – 30 %
Silizium	20 – 50 %	50 – 70 %
Calzium	8 – 15 %	2 – 8 %
Magnesium	8 – 10 %	1 – 2 %
Kalium	1 – 2 %	4 – 6 %

Termine

Der termingerechte Einsatz wirkt sich ganz entscheidend auf die Verträglichkeit von Düngemitteln aus. So ist es beispielsweise völlig unnütz oder sogar schädlich, wenn etwa Zimmerpflanzen in der Wachstumsruhe im Herbst oder Winter Nährstoffe bekommen. Das schwächt die Pflanzen mehr als es ihnen hilft. Mangels Licht hat die Düngung einen langstieligen Austrieb zur Folge. Die Triebe »vergeilen“ und kippen schließlich um.

Genauso wie Zimmerpflanzen dürfen auch Kübelpflanzen sowie die meisten Freilandgewächse nur während der Wachstumszeit Dünger bekommen. Auch Zier- und Obstgehölzen schadet eine späte Düngung im Sommer oder Herbst Sie schliefen dadurch ihre Jahrestriebe nich richtig ab.

Am besten wirken Düngemittel im Frühjahr z Beginn der Saison. Sie fördern dann den Aus trieb und die Blütenbildung. Ausnahmen sin beispielsweise Mistgaben, die im Herbst au den Beeten verteilt werden, oder die Gründün gung, die während der Saison auf freien Fläche möglich ist. Der Mist verrottet während de Winters und kommt den Pflanzen dann im Früh jahr zugute. Jjederzeit möglich sind auch Kom postgaben (etwa bei der Pflanzung von Obs und Gemüse), zumal die leichte Düngewirkun

Im Gegensatz zu anderen Düngemitteln wird Mist im Herbst ausgebracht

von Kompost keinen Schaden verursacht. Während etwa ein mineralischer Volldünger mehr als 10 % Stickstoff aufweist, enthält reifer Gartenkompost nur etwa 1 %. Zudem ist er im Kompost an die Humusteilchen gebunden und nur langsam löslich. Ein Volldünger löst sich dagegen sofort im Boden auf, sobald er Wasser abbekommt. Die Nährstoffe gehen dann ungenutzt verloren, wenn die Pflanzen in der Wachstumsruhe keinen Bedarf haben.

Gezielte Düngung ist nur aufgrund einer Bodenprobe möglich

Gezielte Düngung bei Bedarf

Wenn die Pflanzen offensichtlich schwächlich sind oder nicht blühen, kann eine gezielte Düngung zum Wachsen oder Blühen anregen. Dazu sind aber die Symptome genau zu beurteilen. Sonst schadet auch in diesem Fall die Düngung mehr als sie nützt. Und auch hier geben Bodenproben Aufschluss. So zeigt beispielsweise eine pH-Messung, ob der Boden zu sauer oder zu kalkhaltig ist. Deutliche Hinweise geben daneben die Pflanzen selbst. Gelbe Blätter bei Zitrusbäumchen sind ein unverkennbarer Hinweis auf einen zu hohen Kalkgehalt bzw. auf Eisenmangel. Kalk bindet nämlich Spurenelemente wie Eisen, und das hat Blattgrünmangel und gelbe Blauer zur Folge. Solche Erscheinungen heißen auch Chlorosen und sind bei Rosen, Esskastanien und anderen Gehölzen möglich. Besonders stark betroffen sind Moorbeetpflanzen, wie Rhododendren, die keinen Kalk vertragen, sondern sauren Boden brauchen. An diesem Beispiel können Sie wiederum deutlich sehen, dass die Pflanzen ganz unterschiedlich reagieren. Eine »08/15«-Düngung mit stark wirksamen Produkten ist also keinesfalls empfehlenswert. Es sei denn mit unbedenklichen Mitteln wie Kompost oder Pflanzenjauchen.

Kompostgaben sind von der Jahreszeit unabhängig

Zugabe eines Granulatdüngers

Pflanzenjauchen

Anders als tierische Jauchen (Gülle), die stark konzentrierte Brühen sind, stellen Pflanzenjauchen leichte **Flüssigdünger** dar. Solche Mittel eignen sich etwa zur Stärkung von Jungpflanzen (z. B. Schachtelhalmbrühe), als Wuchsstoffe (z. B. Brennnesseljauche) oder auch zur Abwehr von Pilzkrankheiten (z.B. Wermuttee) und zur Vertreibung von Schädlingen (z. B. Zwiebelbrühe). Sie entstehen nach dem Ansetzen bestimmter Pflanzenteile in Wasser (z. B. durch Auslösen von Wirkstoffen beim Erhitzen oder durch Gärung). Hier sei erwähnt, dass Jauchen, Brühen oder Tees keinen Erfolg garantieren. Es kommt immer auf die Rezeptur und die Hartnäckigkeit der Schädlinge oder die Resistenz der Krankheit an. Oft ist eine mehrmalige Anwendung nötig. Wenn diese Mittel nicht helfen, dann schaden sie aber auch nicht. Sie sollten also wie eine leichte Medizin betrachtet werden. Sobald sich nach einer Wartezeit keine erwünschte Wirkung abzeichnet, ist immer noch der Einsatz anderer Präparate möglich.

Nach dem Kleinschneiden der Pflanzen, aus denen nun die Pflanzenjauche herstellen möchte, werden die Pflanzen in Wasser angesetzt

Brennnesseljauche

Zur Herstellung von Brennnesseljauche geben Sie 1 kg Brennessel auf 10 l Wasser kleingehackt in einen Eimer (bei größeren Mengen entsprechend mehr). Am besten setzen Sie die Brennnesseljauche vor der Blütezeit, also von Mai bis Juli an. Sobald nach wenigen Tagen die Gärung einsetzt, sollten Sie immer wieder umrühren. Nach ca. 1-2 Wochen ist die Gärung vorbei (bei warmen Wetter früher). Die Jauche kann unverdünnt als Flüssigdünger gegossen werden. Sie enthält Mineralien, Kieselsäure, Eisen und andere Wirkstoffe.

Brennnesseltee

Überbrühen Sie eine Hand voll frischer Blätter mit kochendem Wasser und lassen Sie die Brühe ziehen. Danach geben Sie sie dem Gießwasser bei. Die Wirkung ist ähnlich der Wirkung von Jauche, aber schwächer; die Brühe ist außerdem geruchslos.

Herstellung von Pflanzenjauche

Ackerschachtelhalm-brühe

Setzen Sie 1 kg Kraut mit 10 l Wasser 12 Stunden kalt an, danach lassen Sie das ganze 30 Minuten kochen und sieben die Kräuter ab. Nach dem Erkalten können Sie das Mittel 2-3fach verdünnt etwa zur Stärkung von Jungpflanzen und Abwehr von Schädlingen sprühen. Ackerschachtelhalm enthält vor allem Kieselsäure, die das Gewebe stärkt.

Pflegetipp

Kranke Pflanzen dürfen nicht gedüngt und zum Wachsen oder Blühen angeregt werden. Erst nach einer sichtlichen Erholung können sie wieder zusätzliche Nährstoffe bekommen. Zur Heilung und Erholung können aber Pflanzentees, -brühen oder -jauchen beitragen.

Brennnesseljauche – wirkungsvoller Flüssigdünger

Auf die gleiche Weise lassen sich andere Jauchen, Tees und Brühen ansetzen; so etwa Rainfarnjauche gegen tierische Schädlinge oder Wermutjauche zur Pilzabwehr.

Alle Jauchen sollten nach der Gärung abgedeckt werden, zumal sie übel riechen.

Anwendungen

Die Düngung erfolgt je nach Art per Gießkanne bei einem Flüssigdünger (z. B. Brennnesseljauche), mit der Hand bei einem Granulat oder Pulver (z. B. Düngekalk), mit einer Schaufel oder einer Gabel bei Mist und Kompost oder mit einem Düngewagen oder Streuer bei breitflächiger Verteilung (z. B. im Rasen).

Eine genaue Dosierung ist vor allem bei Konzentraten wie Volldünger aus der Packung zu beachten. Es ist immer besser, mehrmals kleine Portionen zu geben, als die Pflanzen mit einer üppigen Menge zu mästen. Dadurch lässt sich auch eine Überdüngung vermeiden.

Grundsätzlich ist immer zu beachten, was man mit der Düngung erreichen will. Wenn beispielweise ein reicher Flor gewünscht wird, kommt nur ein blütenbildender Dünger zum Einsatz, der wenig oder keinen Stickstoff, sondern vor allem Phosphor enthält. Das Wachstum der Pflanzen lässt sich dagegen mit einem stickstoffhaltigen Düngemittel anregen. Es kommt also immer darauf an was die Düngung erreichen soll. Dementsprechend wird das passende Düngemittel gewählt und in der richtigen Dosis gegeben.

Kübel-, Balkon- und Zimmerpflanzen-Versorgung

Während Gartenpflanzen recht gut mit de Selbstversorgung zurecht kommen oder durc Düngung lediglich unterstützt werden, sin Pflanzen in Gefäßen völlig von den Nährstoff gaben abhängig. Sie bekommen entweder i Frühjahr eine sogenannte **Vorratsdüngun** mit einem Langzeitdünger oder während de Wachstumszeit vom Frühjahr bis zum Herbs wöchentlich eine kleine Ration – je nach Ar und Bedarf. Ein Langzeitdünger kann sowoh mineralisch (z. B. Düngestäbchen) als auch or ganisch (z. B. Knochenmehl) sein. Bei Neu pflanzungen von Balkonblumen oder beim Um topfen von Zimmer- und Kübelpflanzen wird da frische Substrat mit einem Langzeitdünger auf gedüngt.

Bei Verwendung eines fertigen, bereits mi Nährstoffen angereicherten Pflanzsubstrate (z. B. »Blumenerde mit Volldünger«) ist eine zusätzliche Düngung unnötig.

Chemischer Volldünger

Element	N	P	K	Mg	Ca	Spurenelemente	Wirkung auf den Boden
Thomasmehl	0	20	0	3	50	viele	basisch
Kalimagnesia	0	0	30	10	0	wenige	sauer
Kalkstickstoff	20	0	0	0	50	wenige	basisch
Blaukorn	8	8	8	0	0	viele	basisch
Schwefelsaures Ammoniak	20	0	0	0	0	wenige	sauer

N=Stickstoff, P=Phosphor, K= Kali, Mg=Magnesium, Ca=Calzium

Zur regelmäßigen Nährstoffversorgung ist Kompost ideal

Flüssigdünger, etwa Brennnesseljauche, werden mit der Gießkanne ausgebracht

Staudendüngung

Die meisten Blütenstauden wie Rittersporn, Phlox oder Sonnenhut brauchen reichlich Nährstoffe. Sie verjüngen sich im Frühjahr vollständig und bringen je nach Art meterhohe Büschel hervor. Damit sie vital bleiben, bekommen sie vorzugsweise **Kompost**. Er verbessert den Boden und wirkt als leichter Langzeitdünger. Natürlich sind Art-Unterschiede zu beachten. So bekommen beispielsweise langlebige Arten wie Pfingstrosen mehr, genügsame Steingartenstauden weniger Nährstoffe.

Düngen mit Kompost

Zwiebelblumen

Für gutes Gedeihen von Tulpen, Narzissen, Lilien, Dahlien und anderen Zwiebel- und Knollenblumen ist tiefgründiger, nährstoffreicher Boden mit guter Wasserführung wichtig. Auch sie sind auf regelmäßige Nährstoffgaben angewiesen, wobei sich wiederum **Kompostgaben** sehr günstig bei der Pflanzung und Nachversorgung auswirken.

Gemüse

Im Gemüsegarten geht durch die ständige Entnahme von Salaten, Früchten und Wurzelgemüsen eine Menge an Nährstoffen verloren. Hier ist die Düngung unverzichtbar. Zur Erhaltungsdüngung sowie zur Humusversorgung genügt **Kompost**, der regelmäßig in geringen Mengen gegeben wird. Zudem trägt die **Gründüngung** zur Nährstoffversorgung und Humusbildung bei. Falls nötig bekommen bestimmte Kulturen noch zusätzlichen Dünger. So fördert verrotteter Mist bei der Pflanzung die Entwicklung von Tomaten. Bei Wurzelgemüsen (z. B. Sellerie) begünstigen Steinmehlgaben die Einlagerung von Mineralien.

Nährstoffbedarf von Gemüse

Starkzehrer	Mittelzehrer	Schwachzehrer
Kohlarten	Spinat	Petersilie
Porree	Möhren	Bohnen
Gurken	Zwiebeln	Erbsen
Tomaten	Rettich	Salat
Sellerie	Radieschen	
Mais	Rote Beete	
	Mangold	

Pflegetipp

Um Düngefehler zu vermeiden, ist es wichtig die Wirkung der Einzelnährstoffe zu kennen. Es hilft normalerweise nichts, bestimmte Pflanzen mit irgendwelchen Mitteln zu düngen. Entscheidend ist der Anteil an speziellen Nährstoffen und deren Konzentration.

Flüssigdünger

Kräuter

Bei Kräutern sind Unterschiede zu beachten. Während einige Arten, etwa Salbei, Thymian oder Lavendel besser auf **magerem Substrat** gedeihen, brauchen üppige Arten wie Maggikraut, Fenchel oder Engelwurz nährstoffreichen Boden. Auch diese sind mit **Kompost** gut versorgt.

Bäume und Sträucher

Die Gartengehölze ergründen mit tiefgreifendem Wurzelwerk selbst Nährstoffvorräte im Boden. Zudem kommt ihnen das **Falllaub** im Herbst zugute. Bei Jungpflanzen, besonders bei Obstgehölzen, wirkt sich das Mulchen mit Kompost auf die Vitalität und Fruchtbarkeit aus.

Rosen

delrosen blühen nur zufriedenstellend, wenn ie reichlich mit Nährstoffen versorgt werden. m besten bekommt ihnen verrotteter **Mist** der nährstoffreicher **Gartenkompost**, der n Herbst in den Beeten verteilt wird. Er dient ann nach dem Anhäufeln gleich als Frostschutz nd im Frühjahr nach dem Abhäufeln als Dünger nd zur Humusversorgung.

Rasen

ine Sonderkultur stellt der Rasen dar. Es gibt Flähen, die seit vielen Jahren nie einen Gramm ünger bekommen haben und dennoch vital und rün sind. Andere intensiv gepflegte Zierrasen, ie mehrmals während der Wachstumszeit reichch Dünger abbekommen, sehen oft nicht viel esser aus. Die Rasendüngung ist deshalb von en Ansprüchen der Besitzer abhängig. Sie erforert aber stets eine genaue Dosierung und eine leichmäßige Verteilung, vor allem wenn schnellösliche mineralische Dünger verwendet werden.

Zur Rasendüngung ist Kompost sehr gut geeignet

Pflegetipp

Die Wirkung von Düngemitteln ist entscheidend vom Feuchtigkeitsgehalt im Boden abhängig. Die Düngung muss stets mit einer ausreichenden Wasserversorgung einhergehen; sonst gibt es – besonders bei schnellwirksamen, wasserlöslichen Mitteln – leicht Verbrennungsschäden.

ur breitflächigen Verteilung von Dünger ist ein Düngewagen hilfreich

Gründüngung

Bei dieser Art der Nährstoffversorgung wird eine Aussaat von speziellen Pflanzen vorgenommen. Insbesondere dienen dazu Sämereien von schnellkeimenden Arten, die in wenigen Wochen eine dichte Decke bilden. Die Düngung erfolgt dann, etwa bei sogenannten Stitkstoffsammlern (Leguminosen) wie Erbsen, Ackerhohnen oder Luzerne, über Wurzelbakterien (Azotobakter) oder durch die Zuführung von Grünmasse. Nach dem Einarbeiten kommen die Pflanzenteile dem Boden zugute. Sie geben bei der Verrottung – etwa wie Kompost – Nährstoffe ab und reichern ihn mit Hu-

Gründüngung

mus an. Diese Art der Bodenverbesserung biet
sich besonders bei brachliegenden Gartenflä
chen etwa beim Hausbau) oder auch auf freie
Beeten. Beim Nachbau von Gemüsen sind günst
ge Kombinationen zu wählen. Es dürfen kein
Pflanzen der selben Familien folgen. Nach eine
Kreuzblütler wie Gelbsenf darf beispielsweis
kein Kohlgemüse gepflanzt werden. Besser wi
ken sich auch hier abwechselnde Folgekulture
aus. Einige Pflanzen üben sogar eine erholsam
Wirkung auf den Boden aus: Tagetes oder Ringe
blumen vertreiben schädliche Wurzelälche
Möglich sind auch Mischungen aus verschiede
nen Arten (z. B. »Gartendoktor« oder »Landsbe
ger Gemenge«).

Bunte Blütenpflanzen tragen abgesehen vom po
sitiven Effekt auch zur Gestaltung der Beete be
Blühende Ringelblumen und Tagetes beispiels
weise bringen Farbe in den Gemüsegarten. Seh
schön wirkt auch der Bienenfreund (Phacelia
der leuchtend blaue Blüten entwickelt.

Gründüngung

Gründüngung zur Bodenverbesserung in Beeten

Gründüngung

Zur Gründüngung geeignete Pflanzen

Art	Saatzeit	Winterhärte
Gelbsenf (Sinapis alba)	Frühjahr bis Ende August	Friert ab
Studentenblume (Tagetes}	Mai bis Ende Juni	Friert ab
Ringelblume (Calendula)	Frühjahr	Einjährig, Samen überdauern
Bienenfreund (Phacelia)	Frühjahr bis Herbst Blüte nur bei Frühjahrsaussaat	Einjährig
Winterroggen (Secale cereale)	September bis November	Frosthart
Inkarnatklee (Trifolium incarnatum)	Juli bis September	Frosthart
Gelbe Lupine (Lupinuss luteus)	Frühjahr	Friert ab

Zur Gründungung geeignete Pflanzen – Tagetes

„Pflanzendoktor" als Gründungung

Zur Gründungung geeignete Pflanzen – Ackersenf

lütenvielfalt auf gesundem Boden

Mulchen und Flächenkompostierung

Das Mulchen ist das Abdecken des Bodens mit organischem Material (z. B. Rindenmulch). Es ist nicht nur die ideale Bodenpflege (wie im Wald), sondern es kostet auch nichts und macht vergleichsweise wenig Arbeit. Unter Neuanpflanzungen (z. B. Staudenbeete oder Gehölzstreifen) erleichtert eine dicke Mulchschicht sogar die Pflege, da es Unkraut unterdrückt und die Feuchtigkeit erhält.

Auch die Fruchtbarkeit des Bodens verbessert eine Mulchschicht. Das Material verrottet langsam und wird von Bodenlebewesen zu Humus umgewandelt, der wiederum dem Boden zugute kommt. Währenddessen schützt die Mulchdecke im Sommer vor Hitze und Austrockung und im Winter vor Kahlfrost.

Das regelmäßige Mulchen macht besonders sandige Böden humoser und bindiger. Es trägt aber auch zur Lockerung schwerer Böden bei. Die Flächenkompostierung ist eine Art des Mulchens. Dazu dienen spezielle, ausgewählte Rohstoffe wie Gemüseabfälle oder halbverrotteter Kompost.

Eine Mulchschicht schützt und pflegt den Boden

Grasmulch

Industriekompost

Die wichtigsten Geräte für den Kompost

Schubkarre

Unentbehrliche Gartengeräte

Kompost sieben

Impressum

Copyright
Genehmigte Sonderausgabe für Universo
Universo ist ein Imprint des
Karl Müller Verlages – Silag Media AG,
Liebigstr. 1, 40764 Langenfeld